LES
CONTEMPORAINS,

Revue Biographique
DES HOMMES DU JOUR,

PAR

**Une Société d'Hommes de Lettres Français
et Étrangers,**

Sous la Direction
DE MM. VILLAGRE ET J.-G.-F. PRUNIER.

5ᵉ Année.

PARIS.
EN VENTE A L'ADMINISTRATION GÉNÉRALE,
Boulevard Monceaux, 46 bis.
ET CHEZ LES PRINCIPAUX LIBRAIRES.

1847.

NOTICE HISTORIQUE

SUR M.

LE B^{ON} TUPINIER.

NOTICE HISTORIQUE

sur la vie et les travaux scientifiques et administratifs

DE

M. LE B^{ON} TUPINIER,

Pair de France, etc.

Par une société d'Hommes de Lettres Français et Étrangers.

Paris.

EN VENTE A L'ADMINISTRATION GÉNÉRALE,
Boulevart Monceaux, 46 bis,
ET CHEZ TOUS LES PRINCIPAUX LIBRAIRES.

1847.

NOTICE HISTORIQUE

sur la vie et les travaux scientifiques et administratifs

DE M. LE BARON TUPINIER.

Pair de France.

Au milieu des agitations et des luttes stériles des partis politiques, au milieu des discussions passionnées qui préocupent et absorbent sans profit tant de belles intelligences, l'esprit, fatigué de tout ce bruit, se repose avec intérêt sur les utiles travaux de quelques hommes d'élite, qui n'ont en vue que l'accroissement de la prospérité du pays. Trop judicieux pour attacher quelque importance à d'aventureuses théories, ils se bornent à poursuivre la réalisation des améliorations réelles dont l'expérience a constaté la nécessité. Si la popularité ne s'attache point à leurs noms, ils obtiennent en revanche une estime durable, et la grandeur de leurs œuvres est attestée par les résultats qu'elles ont produits.

Ces réflexions s'appliquent particulièrement à l'homme distingué dont le nom figure en tête de cette notice. Par ses travaux comme ingénieur, comme savant, comme écrivain, comme administrateur, le baron Tupinier méritait une des premières places dans notre publication.

Le baron Tupinier (Jean-Marguerite) est né, en 1779, à Cuisery en Bourgogne, d'une famille honorable. Son père, jurisconsulte éminent et avocat d'un talent remarquable, dut à son mérite l'honneur d'être nommé juge au tribunal de cassation, par le département de Saône-et-Loire, à l'époque de la création de ce tribunal (aujourd'hui Cour de cassation). Il figura aussi avec distinction dans les diverses législatures qui se succédèrent jusqu'en 1814, et, par la modération de son caractère, l'étendue de ses connaissances, la justesse et la solidité de son esprit, il acquit une influence considérable sur les délibérations, et conserva toujours l'estime de ses collégues.

Cependant, au milieu de ses travaux multipliés, il ne cessa jamais de s'occuper avec zèle de l'éducation de ses enfants. — Son fils aîné lui donna de bonne heure des sujets de satisfaction, et lui fit concevoir les plus belles espérances. Doué des dispositions les plus heureuses, le jeune Marguerite Tupinier fut admis, en 1794, à l'âge de quatorze ans et demi, et après un examen des plus brillants, à l'école récemment créée par un décret de la Convention, sous le nom d'*École centrale des Travaux publics*, et qui reçut un peu plus tard le nom d'École Polytechnique. Il suivit avec assiduité les différents cours professés, dans cette institution, par les illustrations scientifiques de l'époque. Ses progrès furent rapides; et en 1796, après deux années d'études sérieuses et profondes, il sortit de l'École Polytechnique pour entrer à l'École spéciale des ingénieurs de vaisseaux, établie à Paris sous la direction de Borda.

Elève admis dans les ports le 16 mars 1799, sous-ingénieur de troisième classe le 1er octobre de la même année, il passa l'année suivante à la deuxième classe. — On le voit, le jeune Marguerite Tupinier débutait brillamment dans la carrière ; et, chose bien rare, son avancement rapide n'excita ni les murmures, ni la jalousie de ses rivaux, parce qu'il était justifié par un mérite réel, incontestable.

Les espérances que M. Tupinier avait fait concevoir à ses parents et à ses maîtres se réalisèrent promptement. Son instruction, son zèle, la sûreté de son jugement, la merveilleuse facilité qu'il apportait dans les travaux dont il était chargé, fixèrent de plus en plus l'attention. En 1801, il fut désigné par M. de Caffarelli, préfet maritime de Brest, pour faire partie d'un institut naval qu'il s'agissait de créer dans ce port. — Dans le courant de la même année, il fut promu au grade de sous ingénieur de 1er classe, grade qui correspondait à celui de lieutenant de vaisseau ou de capitaine du génie.

Cette même année (15 septembre 1801), M. Tupinier se rendit à Toulon, où il s'embarqua sur le vaisseau *l'Indivisible*, portant le pavillon de l'amiral Gantheaume. Cet officier général commandait une escadre, qui d'abord destinée pour l'Egypte, fut envoyée à Saint-Domingue aussitôt après la signature des préliminaires de la paix d'Amiens. M. Tupinier fit la campagne de Saint-Domingue comme ingénieur de l'escadre; en 1802, il était de retour à Brest.

En 1803, lorsque le premier Consul, voulant tirer vengeance de la rupture du traité d'Amiens, ordonna la création d'une immense flottille, qu'il avait le projet de lancer sur l'Angleterre, M. Tupinier fut nommé membre d'une des commissions de cette flottille, et spécialement chargé de diriger les constructions dans tout l'arrondissement de Brest, depuis Concarneau jusqu'à Granville. Il passa ensuite à Boulogne, pour y exercer des fonctions analogues, qui ne cessèrent qu'à la fin de l'année 1804.

En 1805, après le départ de l'armée de Boulogne pour la campagne d'Austerlitz, M. Tupinier fut envoyé à Gênes, où il contribua puissamment à sauver le vaisseau le *Génois*, fortement endommagé à sa mise à l'eau, et en 1807, il se rendit à Venise, où lui fut confiée la direction de constructions navales qui s'y exécutaient pour le compte de la France. — Dans l'exercice de ces fonctions, qu'il conserva plus de six ans, il fit preuve d'une rare habileté dans l'art des construction navales, conquit une des premières places parmi les ingénieurs de la marine, et fixa l'attention de l'empereur. Ses connaissances spéciales furent d'autant plus utiles à la France, qu'elles purent se déployer librement. Ses vues et ses projets d'amélioration n'éprouvèrent jamais aucune entrave de la part de l'administration italienne, avec laquelle il sut toujours entretenir d'excellents rapports. Son caractère conciliant et modéré, l'aménité de ses formes facilitèrent le succès de sa mission.

Le vice-roi d'Italie, Eugène de Beauharnais, qui lui avait voué une estime et une affection particulières, le recommanda plusieurs fois, et dans les termes les plus flatteurs, à Napoléon et au ministre de la marine Decrès. En 1813, lorsqu'il fut question de nommer le prince Eugène roi d'Italie, ce dernier manifesta le désir de s'attacher M. Tupinier comme son ingénieur général, mais ce témoignage de sympathie resta sans effet par suite des événements de 1814.

En 1812, le vaisseau le *Rivoli*, de 74 canons, dont M. Tupinier avait dirigé la construction à Venise, dut partir tout armé pour se rendre à Ancône et à Corfou; mais ce vaisseau tirait vingt-deux pieds d'eau, et la passe de Malamocco, par où il devait sortir, n'en avait que quinze de profondeur. La difficulté paraissait insurmontable, même aux marins les plus expérimentés. Profitant des indications contenues dans un Mémoire très remarquable de M. Boucher, nommé depuis inspecteur des ports, sur les *chameaux hollandais*, machines à l'aide desquelles on diminue, en Hollande, le tirant d'eau des navires, M. Tupinier parvint à réduire celui du *Rivoli* à quatorze pieds, et lui fit franchir heureusement la passe. Cette entreprise fut couronnée d'un succès complet, et le temps n'en a pas effacé le souvenir. On peut voir au Louvre, au Musée de marine, le *Rivoli* porté sur des chameaux.

L'Empereur, qui eut connaissance de cette belle opération, s'empressa d'offrir à M. Tupinier une récompense proportionnée au service qu'il avait rendu ; il l'éleva au grade d'ingénieur de deuxième classe, assimilé à celui de capitaine de frégate. Il lui accorda en même temps la décoration de l'ordre de la Réunion. Plus tard, le prince Eugène obtint pour lui celle de la couronne de Fer; mais le décret rendu dans les derniers jours de la campagne de 1814, ne parvint pas à la chancellerie de l'Ordre.

De retour à Paris, vers la fin de 1814, M. Tupinier s'y trouvait à la rentrée des Bourbons. A cette époque, sur la demande de M. Jurien, chef de la direction des ports, il fut attaché à cette direction, comme chef du bureau des martelages de bois. — Mais, à la seconde restauration, lorsque le portefeuille de la marine passa entre les mains de M. le vicomte Dubouchage, ce dernier appela M. Tupinier à la direction forestière d'Angoulême. Ce changement de position, qui le tenait éloigné de l'administration centrale, fut considéré comme une disgrâce, qui probablement avait pour cause son acceptation de la place de chef de division pendant les Cent-Jours, et la part que son père avait prise, comme membre de la Chambre des représentants, aux événements politiques de cette époque.

En 1817, le maréchal Gouvion-Saint-Cyr ayant été chargé du portefeuille de la marine, s'occupa avec zèle, dès son avènement, de la réorganisation de l'administration centrale; mais pour le choix du personnel, il s'en remit au discernement et à la sagacité de M. Jurien, qui conservait dans ce remaniement la direction des ports. M. Jurien, que sa faible santé obligeait de s'abstenir d'un travail trop pénible et trop fatigant, désirait s'attacher un homme intelligent et laborieux, familiarisé par la pratique avec les détails les plus minutieux, les plus arides de l'administration. Dans ces circonstances, il jeta les yeux sur M. Tupinier, qui offrait toutes les garanties désirables de capacité et de zèle. Il le fit nommer chef de division dans la direction des ports, avec le projet bien arrêté d'en faire un jour son successeur. — Cette marque d'estime de la part d'un homme aussi distingué que M. Jurien, avait une grande valeur, une haute portée, et M. Tupinier pouvait être justement fier d'un tel suffrage, un des plus précieux et des plus honorables qu'il ait recueillis.

A partir du 18 juillet, date de sa rentrée dans l'administration de la marine, les fonctions de M. Tupinier furent exclusivement administratives; mais dans la sphère nouvelle où ses facultés durent s'exercer, il sut prouver qu'une intelligence forte et vigoureuse, aidée de connaissances profondes, n'est pas déplacée nulle part, et qu'il possédait les qualités nécessaires à l'administration, comme celles qui constituent un ingénieur distingué. — Au reste, M. Tupinier a passé successivement par tous les grades dans le corps du génie maritime, il reçut, en 1828, celui d'inspecteur-général honoraire.

En 1822, sous le ministère de M. Clermont-Tonnerre, M. Tupinier rédigea un mémoire clair, substantiel, plein de vues neuves sur les dimensions des vaisseaux et frégates dans la marine royale. Cet écrit, soumis à l'examen des officiers de la marine et à l'appréciation de plusieurs commissions supérieures, obtint l'approbation des juges les plus compétents. Les conclusions de l'auteur furent adoptées et servirent de base à la décision royale du 10 mars 1824, qui opéra une révolution dans notre matériel naval, décision que l'ordonnance du 1er février 1837 a confirmée, sauf quelques différences de détail. — C'est de l'apparition de l'écrit si remarquable de M. Tupinier que datent les développements nouveaux que reçut notre force navale, mise ainsi en mesure de rivaliser avec celle de l'Angleterre et des États-Unis. Ce mémoire est, sans contredit, un des plus grands services rendus à la nation, par l'influence qu'il a exercée sur l'accroissement de sa prospérité et de sa grandeur.

Les limites d'une notice ne nous permettant pas d'examiner en détail cet important travail, nous nous bornerons à un résumé rapide. — Dans son Mémoire, M. Tupinier fixait la grandeur et la force des bâtiments, le nombre et le calibre de leurs canons. Il indiquait deux nouveaux rangs de vaisseaux, et il détermina la création de ces frégates de 60, qui excitent, à si juste titre, l'admiration des marins, et constituent l'une des plus grandes forces de notre flotte. La France possède actuellement vingt de ces frégates, et il résulte du témoignage des hommes compétents, il demeure prouvé par les événements de la guerre de 1812, entre l'Angleterre et les États-Unis, que dans le cas d'une guerre maritime, ces frégates pourraient être opposées avec avantage aux vaisseaux de 74. Nos voisins eux-mêmes sont forcés de convenir (et un tel aveu doit coûter à leur orgueil) que nos vaisseaux sont mieux armés, mieux installés, matériellement plus forts que les leurs. Enfin, il existe à cet égard un témoignage plus explicite, plus éclatant encore, c'est celui de l'amirauté anglaise reconnaissant officiellement la supériorité de notre matériel naval. On sait, en effet, que le commodore Napier a déclaré par deux fois, à la tribune du parlement britannique, que si, en 1840, la flotte française avait attaqué la flotte anglaise, celle-ci aurait eu infailliblement le dessous.

Au reste, les améliorations provoquées par M. Tupinier n'ont pas seulement obtenu les suffrages des marins les plus expérimentés, elles ont encore fixé l'attention des savants, qui n'ont pas hésité à les considérer comme une immense découverte. A ce sujet nous croyons devoir citer l'opinion émise par M. Lebas, dans un ouvrage *sur l'architecture navale* :

« Il n'est donné qu'à des hommes d'une haute capacité de faire progresser la science d'un pas rapide, en ouvrant un champ plus vaste à de nouvelles combinaisons. Tel a été le résultat des travaux de M. Tupinier. Une seule expérience a suffi à cet ingénieur pour en déduire des conséquences décisives, qui font époque dans une science. »

Après ce début, M. Lebas entre dans des détails précis sur cette grande découverte, et raconte les circonstances pleines d'intérêt qui l'ont précédée et accompagnée.

« En 1822, dit-il, un essai avait eu lieu dans la Méditerranée, c'était la transformation du vaisseau de soixante-quatorze le *Romulus* en une frégate de trente huit bouches à feu, la *Guerrière*. L'expérience avait prouvé la supériorité des qualités nautiques du bâtiment rasé sur celles du vaisseau primitif. Un homme ordinaire en eût simplement conclu que c'était là un bon expédient pour tirer parti d'une vieille carcasse, et cependant on venait de toucher du doigt à une importante amélioration. M. Tupinier, selon sa coutume et avec sa pénétration ordinaire, y vit l'occasion des plus sérieuses études. Dans les sciences d'observation, se demander à propos *pourquoi* est un éclair de génie. C'est ce que fit cet ingénieur; il rechercha les causes qui donnaient à la *Guerrière* des qualités remarquables sous tous les rapports. Il en déduisit qu'à parité de conditions un bâtiment, dans lequel les mêmes conditions se rencontraient entre les dimensions principales de la carène, son immersion totale, son déplacement et la surface des voiles, aurait les mêmes probabilités de succès.

« Il appliqua la même conclusion à un autre rang de bâtiment ; il fit voir que, si on avait fait à un vaisseau de cent dix-huit canons la même opération qu'au *Romulus*, il en serait résulté un vaisseau à deux ponts dont les qualités auraient le même degré de supériorité qui distingue la *Guerrière*. Second résultat, non moins clair, non moins prouvé que le premier, pour quiconque se donne la peine d'étudier les considérations qui l'appuient.

« Cette discussion approfondie lui fournit des arguments de plus en plus forts sur la nécessité de modifier nos constructions, d'augmenter le volume et la force de nos bâtiments ; et, poursuivant ses recherches, il fut amené à proposer deux nouveaux rangs de frégates et de vaisseaux à deux ponts. Il en détermina les dimensions principales, la composition de l'artillerie, la profondeur de la carène et la hauteur de batterie. Il démontra que ces nouveaux modèles, construits sur une plus grande échelle, devaient avoir, à égalité de perfection dans les plans, des qualités nautiques supérieures à celles des bâtiments primitifs de même espèce. Ils portaient sur un plus grand nombre de bouches à feu et d'un plus fort calibre ; ils pouvaient faire usage de leur canons dans des circonstances où la frégate de dix-huit et le vaisseau de soixante quatorze sont forcés de fermer les sabords de la batterie basse ; enfin leur vaste capacité permettait d'y embarquer dix mois de vivres, quatre mois d'eau, et des rechanges pour un an, ce qui est une des conditions les plus essentielles dans le cas d'une guerre avec une puissance rivale.

« Tels étaient les immenses avantages qui devaient résulter de l'adoption du plan proposé par M. Tupinier. Que pouvait-on objecter à la manière rigoureuse dont il avait procédé pour arriver à ces conséquences décisives, à une explication où tout est si rationnel, si évident, où l'on trouve tous les éléments du calcul, des chiffres déduits d'expériences positives qu'il n'est pas plus possible de contester que les phénomènes physiques les mieux constatés. Des bâtiments sont construits d'après ces données, ils confirment toutes les prévisions de l'ingénieur : Voilà des points définitivement fixés et qui ont créé une ère nouvelle dans l'architecture navale. »

Les autorités imposantes que nous venons de citer et l'expérience décisive qui a été faite, mettent la découverte de M. Tupinier à l'abri de toute objection, et les détails dans lesquels nous sommes entrés, tout incomplets qu'ils sont, suffiront, sans doute, pour en faire apprécier toute la grandeur. Maintenant, poursuivons l'examen de la carrière administrative de M. Tupinier.

En décembre 1823, M. Jurien ayant résigné ses fonctions de directeur des ports pour ne conserver que celles de conseiller d'État et de membre de l'amirauté, M. Tupinier fut nommé, sur sa proposition, directeur des ports et arsenaux. A partir du jour de sa nomination commence une ère nouvelle ; il appuie, il soutient, souvent même il provoque toutes les grandes mesures qui dépendent du ministère de la marine. Il ne se fait rien d'important dans cette administration sans son intervention ou son concours ; il encourage les voyages de circumnavigation qui intéressent la science et la marine, et des expéditions, des entreprises hardies se préparent sous sa direction éclairée.

C'est à lui que revient principalement l'honneur du transport de l'obélisque de Luxor, de Thèbes à Paris. Quand il fut question des moyens d'opération pour ce transport, on proposa divers projets, dont M. Tupinier aperçut bientôt les inconvénients. Il démontra la possibilité de charger cette pesante masse sur un navire assez fort pour tenir la mer, et assez grêle cependant pour remonter le Nil jusqu'à Thèbes, et passer sous les arches des ponts de la Seine. C'est sur cette donnée qu'il rédigea les instructions qui furent exécutées par M. Lebas avec tant d'intelligence et de bonheur.

M. Tupinier prit, en 1830, une part active à l'expédition d'Alger. La marine française, commandée par le brave amiral Duperré, devait jouer un grand rôle dans cette expédition, effectuer le transport et le débarquement de l'armée de terre, la seconder en foudroyant les forts, tel était l'appui qu'on espérait de la flotte. Mais la saison où l'on se trouvait commandait la plus grande activité. Des mesures promptes et décisives étaient nécessaires ; le succès était à ce prix, et une immense responsabilité pesait alors sur le directeur des ports, qui était chargé de transmettre ses ordres pour la prompte réunion des bâtiments. Dans ces graves circonstances, M. Tupinier sut être à la hauteur de sa mission.

Il avait pris part aux délibérations et aux travaux de la commission instituée, sous la présidence du général Loverdo, pour préparer le plan des opérations ; il devait en assurer les moyens d'exécution. Pour faire apprécier le zèle et la célérité dont il fit preuve, il nous suffira de dire que les premiers ordres émanés du ministère de la marine datent du mois de février 1830, et que le 1er mai suivant, il y avait en rade de Toulon une flotte de cent bâtiments de guerre, dont onze vaisseaux et vingt-cinq frégates, sans compter trois cent cinquante-huit navires de commerce nolisés pour le transport de notre armée en Afrique. — Ces immenses préparatifs, accomplis dans l'espace de trois mois, ont assurément de quoi surprendre les personnes qui connaissent les lenteurs ordinaires qu'éprouve tout armement naval.

Au moment où notre armée et notre marine se couvraient de gloire en Algérie, une révolution s'accomplissait en France, soulevée par d'imprudentes tentatives de réaction, l'opinion publique se manifesta avec énergie, et son triomphe fut complet. — Après les événements de 1830, une ordonnance du 2 août, portant la signature de duc d'Orléans, lieutenant-général du Royaume, appela M. le baron Tupinier aux fonctions de ministre provisoire de la marine. — Remplacé bientôt après par le général Sébastiani, il fut appelé à l'amirauté, et autorisé à participer aux délibérations du Conseil d'État, dont il faisait partie depuis 1824, d'abord comme maître des requêtes, et plus tard comme conseiller.

En 1833, l'arrondissement de Quimperlé (Finistère), l'honora du mandat de député. — En 1834, il subit de nouveau dans le même collége l'épreuve du scrutin, et son nom sortit encore vainqueur de l'urne; mais un témoignage plus éclatant de confiance lui fut accordé en 1837. A cette époque, il fut nommé en même temps par les deux arrondissements de Quimperlé et de Rochefort. Il opta pour ce dernier collége, et son choix fut déterminé par sa position au ministère dans un moment surtout où s'ouvraient pour notre marine de belles perspectives et un grand avenir.

A la chambre élective, M. le baron Tupinier acquit promptement une haute considération. Dans les commissions dont il fit partie, il se distinguait par un bon sens élevé, des vues éminemment pratiques, et par la justesse et la nouveauté des observations, que l'étude et l'expérience lui avait suggérées. Esprit judicieux et solide, dédaignant les vaines théories et les discussions oiseuses, M. Tupinier n'est jamais descendu dans l'arène où s'agitent les partis et les coteries. On ne le vit jamais courir après cette popularité éphémère, qu'on n'obtient le plus souvent qu'aux dépens de la raison et de la vérité. Parmi les membres de la chambre élective, il serait facile assurément d'en citer beaucoup dont la parole est plus animée, plus entraînante, mais il n'en est aucun qui parle la langue des affaires avec plus de clarté, de précision et de solidité. Ces qualités, trop rares de nos jours, furent bientôt appréciées à la Chambre, surtout dans les matières qui ont trait à la marine.

Dans le courant de l'année 1837, M. le baron Tupinier reçut la mission de visiter tous les ports militaires, depuis Dunkerque jusqu'à Toulon, et dans l'intérieur de la France. Cette mission ouvrait une large carrière à son esprit observateur, et toujours prompt à profiter des occasions qui lui étaient offertes d'éclairer le gouvernement et le pays, il recueillit, pendant toute la durée de son inspection, de précieux documents, qu'il publia sous ce titre : *Rapport sur le matériel de la marine.*

Cet ouvrage présente, avec une méthode parfaite et une rare lucidité, l'inventaire de notre matériel naval, depuis les vaisseaux en chantier ou à flot, jusqu'aux moindres objets fabriqués ou matières premières qui servent à l'équipement de nos flottes. Il offre encore aujourd'hui l'état de situation le plus complet, le plus authentique de notre marine. Cet écrit est d'ailleurs, sous le rapport de la forme, admirable de clarté et de précision; et les intelligences les moins familiarisées avec les matières de ce genre peuvent y puiser d'utiles renseignements sur les ressources que nous offriraient nos ports dans le cas d'une guerre navale.

Dans l'impossibilité où nous sommes de consigner ici tous les faits, tous les détails, tous les chiffres que renferme le rapport de M. le baron Tupinier, nous nous bornerons à en offrir, dans un résumé concis, les principales conclusions.

D'après l'ordonnance du 1er février 1837, la composition et la force de notre armée navale et de sa réserve étaient ainsi fixées : 1° quarante vaisseaux et cinquante frégates, dont la moitié à flot et l'autre moitié sur les chantiers aux 22/24e d'avancement ; 2° une réserve également en chantiers, laquelle ne peut dépasser treize vaisseaux et seize frégates. — Voilà pour les chiffres qui sont sur le papier ; quant aux chiffres réels, les voici : vingt-trois vaisseaux à flot et autant sur les chantiers, et un total de cinquante-cinq frégates, dont les deux tiers sont à flot, conséquemment réserve incomplète.

Se basant sur les chiffres de l'ordonnance, M. le baron Tupinier tire les conclusions suivantes de l'inventaire auquel il s'est livré : 1° les constructions navales entreprises ne sont pas trop considérables, et le nombre des vaisseaux et des frégates n'est pas hors de proportion avec le nombre des marins dont on pourrait disposer ; loin de là, M. Tupinier émet le vœu que les chiffres prescrits par l'ordonnance du 1er février 1837 soient atteints le plus tôt possible, non-seulement pour la flotte active, mais encore pour les bâtiments de réserve ; — 2° la masse de l'approvisionnement de nos ports, loin d'être surabondante, présente un déficit qui, pour être comblé, nécessite une dépense de 41 millions. Nos ports, dans des circonstances urgentes, n'offriraient que de trop faibles ressources ; — 3° les sommes affectées annuellement, dans le budget, au renouvellement et à l'entretien d'un matériel aussi défectueux, ne sauraient suffire. Cette insuffisance est attestée par un fait récent : qui oserait affirmer qu'en 1840, le sentiment de cette indifférence déplorable n'a pas empêché nos ministres de tirer vengeance de la trahison de l'Angleterre?

Telles sont les principales conclusions de cet écrit. Les imperfections qu'offre notre matériel naval sont critiquées avec force, les lacunes qui y existent sont signalées avec beaucoup de justesse, et les améliorations dont il est susceptible sont réclamées avec toute l'autorité de l'expérience et de la raison.

Le gouvernement lui-même prouva qu'il attachait une haute importance au *rapport sur le matériel de la marine*, en lui donnant officiellement son approbation. Publié par ordre du ministre, cet ouvrage fut distribué aux Chambres et à la plupart des officiers de la marine, qui s'empressèrent d'en reconnaître le mérite et l'opportunité. Les suffrages de tant d'hommes éclairés étaient de nature à déterminer M. Tupinier à poursuivre l'œuvre de régénération qu'il avait entreprise.

Après que le triomphe des oppositions coalisées, dans les élections de 1839, eut forcé le ministère, dirigé par M. Molé, à résigner le pouvoir, les difficultés extraordinaires que rencontra la formation d'un nouveau cabinet obligèrent le roi à nommer, le 18 avril, un ministère provisoire dont M. Tupinier fit partie. Certes, il fallait un sincère dévoûment à la royauté et au pays pour accepter, dans ces moments critiques, la direction des affaires ; la gravité des circonstances, et le désir de mettre un terme à un long interrègne ministériel, pouvaient seuls triompher des répugnances des hommes honorables appelés à former provisoirement une nouvelle administration.

Ce ministère ne dura, comme on sait, que quelques semaines, et M. le baron Tupinier resta trop peu de temps à la tête du département de la marine pour qu'il lui fût possible de réaliser même une faible partie des améliorations qu'il avait depuis longtemps conçues.

Toutefois, malgré sa trop courte durée, son administration ne fut pas stérile en résultats. Jaloux de laisser une trace durable de son passage aux affaires, M. Tupinier s'empressa, dès son avénement, d'améliorer la position des ouvriers de la marine, en faveur desquels il réclamait en vain depuis longtemps ; sur la proposition du ministre, il intervint, le 3 mai, une ordonnance royale qui éleva leur salaire, régla leur position et leur avancement. Cette mesure fut un immense bienfait ; elle fait le plus grand honneur aux sentiments d'humanité et à l'esprit de justice de M. le baron Tupinier ; mais il est des faits qu'il suffit de citer et qui portent avec eux leur propre éloge. — En sortant du ministère, M. Tupinier reprit ses fonctions de directeur des ports.

Le 8 avril 1839, la Société de géographie lui déféra sa présidence : cette distinction était un hommage rendu à l'administrateur qui, en favorisant les voyages de circumnavigation, avait puissamment contribué à agrandir le domaine de la science, qui fait l'objet des études de cette société.

Le 26 décembre suivant, sur la proposition de M. le maréchal Soult, président du conseil des ministres, M. Tupinier fut nommé président d'une commission chargée d'examiner les questions relatives au projet d'établir, entre la France et l'Amérique, une grande ligne de correspondance au moyen de bâtiments à vapeur. Les longs et consciencieux travaux de cette commission servirent de base à la loi votée le 15 juillet 1840, qui ordonnait la construction de quatorze bâtiments à vapeur de la première grandeur. Cette loi a reçu la plus grande partie de son exécution, et a déjà eu pour effet d'imprimer chez nous à la navigation à vapeur une impulsion heureuse et féconde.

Le 18 mai 1840, le baron Tupinier fut élevé au grade de grand officier de la légion-d'honneur ; c'est la seule faveur qu'il ait obtenue pendant qu'il a siégé à la chambre élective.

Nous arrivons maintenant à l'examen du dernier ouvrage qu'il a publié en 1842, sous le titre de *Considérations sur la Marine et son budget*. L'importance de ce livre et le nom de son auteur nous commandent d'entrer dans quelques détails.

En 1822, le baron Portal, ministre de la marine,

voulant préserver son département de la ruine imminente qui l'attendait par suite de l'insuffisance des allocations du budget, démontra la nécessité d'un chiffre annuel de 65 millions, au lieu du chiffre de 45, qui avait été alloué jusqu'alors. Ce ne fut que graduellement et au bout de trois ans, qu'il fut fait complétement droit à sa demande; depuis cette époque, cette évaluation de 65 millions fut généralement considérée comme le chiffre normal et définitif du budget de la marine, et l'administration ayant été forcée de le dépasser plusieurs fois, on l'a accusée de prodigalité. — Selon M. Tupinier, cette opinion est une erreur, et il démontre, dans son ouvrage, que le budget normal de la marine qui, en 1822, put être fixé à 65 millions, doit aujourd'hui être porté à 100 millions au moins. Il établit de la manière la plus claire que l'accroissement inévitable de certaines dépenses, que la création de certaines autres justifient pleinement cette différence. Il est facile de comprendre, en effet, que notre flotte active, occupant aujourd'hui deux fois plus de marins qu'en 1822, et que la construction et l'entretien des bateaux à vapeur entraînant une dépense qui n'existait pas en 1822, la différence des deux budgets se trouve suffisamment expliquée. — Au reste, le chiffre de 100 millions est plutôt au-dessous qu'au-dessus des véritables besoins du département de la marine, et M. le baron Tupinier termine ses considérations en indiquant les augmentations nécessaires pour accroître, pour doubler nos armements en vaisseaux de haut-bord.

Les vues et les conclusions développées par M. Tupinier ont été approuvées sans restriction par les hommes les plus compétents à cet égard. Nous trouvons, dans les *Annales maritimes*, une très judicieuse appréciation de l'amiral baron Roussin ; nous ne saurions mieux faire que de la citer textuellement :

« Les considérations sur la marine et sur son budget, dit l'amiral Roussin, sont un travail d'une haute portée et d'une utilité incontestable. La publication de cet ouvrage a mis en évidence ces vérités, qui ne sauraient devenir trop populaires en France :

« 1° Que le budget de 1822, établi sur des bases très exactes à l'époque où il parut (et précisément parce qu'il était exact alors), ne satisferait plus aux nécessités du présent, et qu'ainsi c'est à tort qu'on prétendrait le prendre pour règle du budget de la marine d'aujourd'hui ;

« 2° Que ce serait au chiffre de 100 millions qu'il faudrait atteindre, aujourd'hui, comme limite la plus basse du budget naval systématique, à l'état de paix ;

« 3° Enfin, que si l'on veut maintenir notre marine au rang qui lui a été assigné en 1822, il faut, après lui avoir accordé, dans un état de choses ordinaires, un crédit annuel de 100 millions, porter ce crédit jusqu'à 117 millions, dès que les circonstances exigeront du pays les efforts réclamés par ses intérêts et par sa dignité.

« Ces divers points me semblent établis d'une manière victorieuse dans le livre de M. Tupinier. Ce travail s'offre à mon esprit avec une méthode, une clarté, une hauteur de vues et une connaissance pratique de la marine, qui ont entraîné ma conviction. Je crois que le public la partagera complètement.

« M. Tupinier a rendu un véritable service à la marine et à son pays. »

Nous n'avons rien à ajouter à cette appréciation si juste, à ce résumé si clair et si substantiel de l'amiral Roussin. Comme il l'avait si bien prévu, son opinion a été complètement partagée par le public. Les *Considérations sur la Marine et son budget* ont eu un grand succès. On y a trouvé une solution satisfaisante des grandes questions qui se rattachent à notre établissement naval.

En 1843, M. le baron Tupinier fut nommé conseiller en service ordinaire, et il résigna en même temps ses fonctions de directeur des ports. Dans ses travaux au Conseil d'Etat, il a apporté ce zèle, cette exactitude, cette intelligence et cette haute capacité, dont il avait donné tant de preuves dans les hautes positions qu'il avait successivement occupées.

M. le baron Tupinier a consacré à la marine quarante-six ans de sa vie. Après avoir renoncé aux fonctions de directeur des ports dans les bureaux de l'administration centrale, il est resté attaché au département de la marine, en qualité de membre du conseil d'Amirauté, où ses lumières et son expérience consommée lui assurent une influence considérable.

En 1845, le Roi, juste appréciateur de ses ser

vices et de son dévoûment, lui donna une nouvelle marque de sa haute estime en l'élevant à la dignité de pair de France. — Parmi les lois qui ont été votées depuis 1830, une des meilleures, selon nous, c'est celle qui a ouvert les portes du Luxembourg aux hommes éminents qui se sont distingués dans toutes les carrières. La Chambre des Pairs est ainsi devenue le rendez-vous de l'aristocratie intellectuelle de la nation. Personne n'avait des titres plus solides que M. Tupinier pour faire partie de cette illustre assemblée, dans laquelle la lucidité de son esprit et ses connaissances positives ont exercé déjà et exerceront de plus en plus une autorité irrésistible.

FIN.

PARIS. IMPRIMERIE DE P. BAUDOUIN,
rue des Boucheries-St-Germ., 38.

www.ingramcontent.com/pod-product-compliance
Lightning Source LLC
Chambersburg PA
CBHW070544080426
42453CB00029B/1946